Wolfgang Amadeus Mozart

COMPLETE STRING QUARTETS

· ——— · ———

FROM THE BREITKOPF & HÄRTEL
COMPLETE WORKS EDITION

DOVER PUBLICATIONS, INC.
NEW YORK

Published in Canada by General Publishing
Company, Ltd., 30 Lesmill Road, Don Mills,
Toronto, Ontario.
Published in the United Kingdom by
Constable and Company, Ltd., 10 Orange Street,
London WC 2.

This Dover edition, first published in 1970, is
an unabridged republication of the 23 quartets (pp.
1–277) from *Serie 14* (*Quartette für Streichinstru-
mente*) of *Wolfgang Amadeus Mozart's Werke.
Kritisch durchgesehene Gesammtausgabe*, originally
published by Breitkopf & Härtel, Leipzig, in 1881–
1882.

The publisher is grateful to the Sibley Music
Library of the Eastman School of Music, Rochester,
N.Y., for making its material available for repro-
duction.

International Standard Book Number: 0-486-22372-8
Library of Congress Catalog Card Number: 70-104810

Manufactured in the United States of America
Dover Publications, Inc.
180 Varick Street
New York, N.Y. 10014

Contents

Wolfgang Amadeus Mozart's Werke.

Kritisch durchgesehene Gesammtausgabe.

Serie 14.

QUARTETTE

für Streichinstrumente.

PARTITUR.

Leipzig, Verlag von Breitkopf & Härtel.

ERSTES QUARTETT
für 2 Violinen, Viola und Violoncell
von

Mozart's Werke.

W. A. MOZART.

Köch. Verz. № 80.

Serie 14. № 1.

Componirt am 15. März 1770 zu Lodi.

Adagio.

2

Allegro.

MENUETTO.

6

Trio.

Menuetto da capo.

RONDO.

Da Capo ma senza replicarlo,
𝄉 poi segue la Coda all' altra parte.

ZWEITES QUARTETT
für 2 Violinen, Viola und Violoncell
von
W. A. MOZART.
Köch. Verz. No. 155.

(Allegro.)

Violino I.

Violino II.

Viola.

Violoncello.

Andante.

Molto Allegro.

43

DRITTES QUARTETT
für 2 Violinen, Viola und Violoncell
von
W. A. MOZART.
Köch. Verz. № 156.

Mozart's Werke.

Serie 14. № 3.

Adagio.

Tempo di Menuetto.

Menuetto da capo
senza Ritornello.

Beilage*)
(zum 3ten Quartett).

*) Dieses Adagio befindet sich vor dem Seite 4 abgedruckten Adagio im Mozart'schen Manuscripte, aber durchstrichen; ist also von ihm zu Gunsten des später componirten kassirt worden. Als fertigen Satz glaubte ihn der Herausgeber nicht vorenthalten zu dürfen.

W. A. M. 156.

VIERTES QUARTETT
für 2 Violinen, Viola und Violoncell
von
W. A. MOZART.
Köch. Verz. No 157.

Mozart's Werke.

Serie 14. No 4.

Violino I.

Violino II.

Viola.

Violoncello.

Stich und Druck von Breitkopf & Härtel in Leipzig.

W. A. M. 157.

Ausgegeben 1881.

Andante.

Coda.

Presto.

FÜNFTES QUARTETT

für 2 Violinen, Viola und Violoncell

von

W. A. MOZART.

Köch. Verz. Nº 158.

Mozart's Werke.

Serie 14. Nº 5.

Andante un poco Allegretto.

Tempo di Minuetto.

Da capo Tempo di Minuetto
senza Ritornello.

SECHSTES QUARTETT
für 2 Violinen, Viola und Violoncell
von
W. A. MOZART.
Köch. Verz. N° 159.

Mozart's Werke.

Serie 14. N° 6.

RONDO.
Allegro grazioso.

SIEBENTES QUARTETT

für 2 Violinen, Viola und Violoncell

von

Mozart's Werke.

Serie 14. No. 7.

W. A. MOZART.

Köch. Verz. No 160.

Allegro.

Violino I.

Violino II.

Viola.

Violoncello.

h und Druck von Breitkopf & Härtel in Leipzig.

W. A. M. 160.

Ausgegeben 1881.

Un poco Adagio.

Presto.

Mozart's Werke.

ACHTES QUARTETT
für 2 Violinen, Viola und Violoncell
von
W. A. MOZART.
Köch. Verz. № 168.

Componirt im August 1773 in Wien.

Stich und Druck von Breitkopf & Härtel in Leipzig.

W. A. M. 168.

Ausgegeben 1881.

MENUETTO.

Trio.

Menuetto D.C.

Allegro.

Mozart's Werke.

NEUNTES QUARTETT
für 2 Violinen, Viola und Violoncell
von
W. A. MOZART.
Köch. Verz. No 169.

Serie 14. No 9.

Componirt im August 1773 in Wien.

Molto Allegro.

Violino I.

Violino II.

Viola.

Violoncello.

Stich und Druck von Breitkopf & Härtel in Leipzig.

W. A. M. 169.

Ausgegeben 1881.

HD, p. 137
P ⇉ TR sentence with dissolving continuation

MENUETTO.

Trio.

Menuetto da capo

Rondeau.
Allegro.

ZEHNTES QUARTETT
für 2 Violinen, Viola und Violoncell
von

Mozart's Werke.

Serie 14. No 10.

W. A. MOZART.
Köch.Verz. No 170.

Componirt im August 1773 zu Wien.

Andante.

D.C. al Fine.

MENUETTO.

Trio.

Un poco Adagio.

Menuetto D.C.

RONDO.
Allegro.

*) Von hier ab soll, nach Ansicht des Herausgebers, das Rondo vom Anfang an bis zum Zeichen ⌒, (welches nicht als Fermate aufzufassen ist) wie_
derholt, und erst dann oben weiter gespielt werden. Da kein Mozart'sches Manuscript vorlag, konnte dieser Ansicht nicht ohne weiteres durch ausste_
chen der betreffenden Stelle Rechnung getragen werden.

ELFTES QUARTETT
für 2 Violinen, Viola und Violoncell
von

Mozart's Werke.

Serie 14. No 11.

W. A. MOZART.

Köch. Verz. No 171.

Componirt im August 1773 zu Wien.

Adagio.

MENUETTO.

Trio.

Da Capo Menuetto

Andante.

Allegro assai.

ZWÖLFTES QUARTETT
für 2 Violinen, Viola und Violoncell

Mozart's Werke.

von

Serie 14. No 12.

W. A. MOZART.
Köch. Verz. No 172.

Componirt 1773 zu Wien.

Allegro spiritoso.

Stich und Druck von Breitkopf & Härtel in Leipzig.

W. A. M. 172.

Ausgegeben 1882.

Adagio.

MENUETTO.

Trio.

attacca il Menuetto subito.

Allegro assai.

DREIZEHNTES QUARTETT
für 2 Violinen, Viola und Violoncell
von
W. A. MOZART.
Köch. Verz. No 173.

Componirt im August 1773 zu Wien.

(Allegro moderato.)

Violino I.

Violino II.

Viola.

Violoncello.

Stich und Druck von Breitkopf & Härtel in Leipzig.

Ausgegeben 1882.

(Andantino grazioso.)

MENUETTO.

Trio.

Menuetto da Capo.

(Allegro moderato.)

VIERZEHNTES QUARTETT
für 2 Violinen, Viola und Violoncell
von

Mozart's Werke.

W. A. MOZART.

Serie 14. N⁰ 14.

Köch. Verz. N⁰ 387.

Componirt im December 1782 zu Wien.

Allegro vivace assai.

Violino I.

Violino II.

Viola.

Violoncello.

MINUETTO.
Allegro.

W.A.M.387

TRIO.

W.A.M. 387

M.D.C. senza replica

Andante cantabile.

W.A.M.387

Molto Allegro.

W.A.M.387

FUNFZEHNTES QUARTETT
für 2 Violinen, Viola und Violoncell
von

Mozart's Werke.

Serie 14. № 15.

W. A. MOZART.

Köch. Verz. № 421.

Componirt im Juni 1783 zu Wien.

W. A. M. 421.

MENUETTO. (Allegretto.)

Trio.

Menuetto D.C.

Allegro ma non troppo.

Var.1.

Più Allegro.

SECHZEHNTES QUARTETT
für 2 Violinen, Viola und Violoncell
von
W. A. MOZART.
Köch. Verz. No. 428.

Mozart's Werke.

Serie 14. No. 16.

Allegro non troppo.

Componirt angeblich 1783 zu Wien.

Stich und Druck von Breitkopf & Härtel in Leipzig.

W. A. M. 428.

Ausgegeben 1882.

Andante con moto.

MENUETTO. Allegro.

Trio.

W.A.M.428.

Minuetto da capo

Allegro vivace.

SIEBZEHNTES QUARTETT
für 2 Violinen, Viola und Violoncell
von
W. A. MOZART.

Mozart's Werke.

Serie 14. No. 17.

Köch. Verz. No. 458.

Componirt am 9 November 1784 zu Wien.

MINUETTO.
Moderato.

Trio.

Allegro assai.

ACHTZEHNTES QUARTETT
für 2 Violinen, Viola und Violoncell
von
W. A. MOZART.

Mozart's Werke.

Serie 14. No. 18.

Köch. Verz. No. 464.

Componirt am 10. Januar 1785 in Wien.

Stich und Druck von Breitkopf & Härtel in Leipzig.

W. A. M. 464.

Ausgegeben 1882.

Minuetto.

cf. Caplin, ex. 3.15, p.47, p.220, ex. 15.5, pp.223-25; p.264, n20 (ref. p.39, bottom of col.1—top of col.2 + ex. 3.15);

+ D: minuet in 2ND mvt, (second-level default) n.338

p. 266, n20 (ref. p.58, "melodic ambiguity" + ex. 3.15); p.283 n23 (ref. p.227 length of recapitulation in minuets—this is an exception in which the recap is shorter than the expo. 18-m. recap. compresses 28-m. expo onto single the wait12 wait)

Trio.

Andante.

HD, p. 338!
slow move-
ment as 3RD
movement:
cond-level
fault

M.D.C.

cf. Caplin, p. 282 n. 61
(ref. p. 218, end of col. 2)

Allegro.

cf. Caplin, p.274n.32 (ref. p.133, bottom of col.2)
dom. arr.

(181) 15

NEUNZEHNTES QUARTETT
für 2 Violinen, Viola und Violoncell
von
W. A. MOZART.

Serie 14. No. 19.

Köch. Verz. No. 465.

Componirt am 14. Januar 1785 in Wien.

Stich und Druck von Breitkopf & Härtel in Leipzig.

W. A. M. 465.

Ausgegeben 1882.

HD, p. 185 – P-based C² – "retrospective P-based C-module (rare for 18th century)
(closing group)
HD, p. 193 – strong C-module deep into C-space cadences II:PAC at m. 91½ which below waited with a
sharp drag to pitches

HD p. 185 – retransition begins around m. 99 (RT)

Caption: pre-core, p. 276, n.43
HD, p.217 – half-rotational P-TR development type

W. A. M. 465.

Andante cantabile.

MENUETTO.
Allegro.

Trio.

Caplin, p.267,
n.21, referencing
p.67: 16-m
sentence,
antecedent =
antecedent +
continuation
(hybrid type 1)

Allegro.

M. D. C.

10

20

31

89

101

111

123

134

145

156

168

HD, p.262 – "the development proper ends with a strong caesura on V/III (m. 180, V of E, the "wrong key"). " Followed by 3 false start, anticipatory statements of P1.1

① ② ③

180

"dissolving"

192

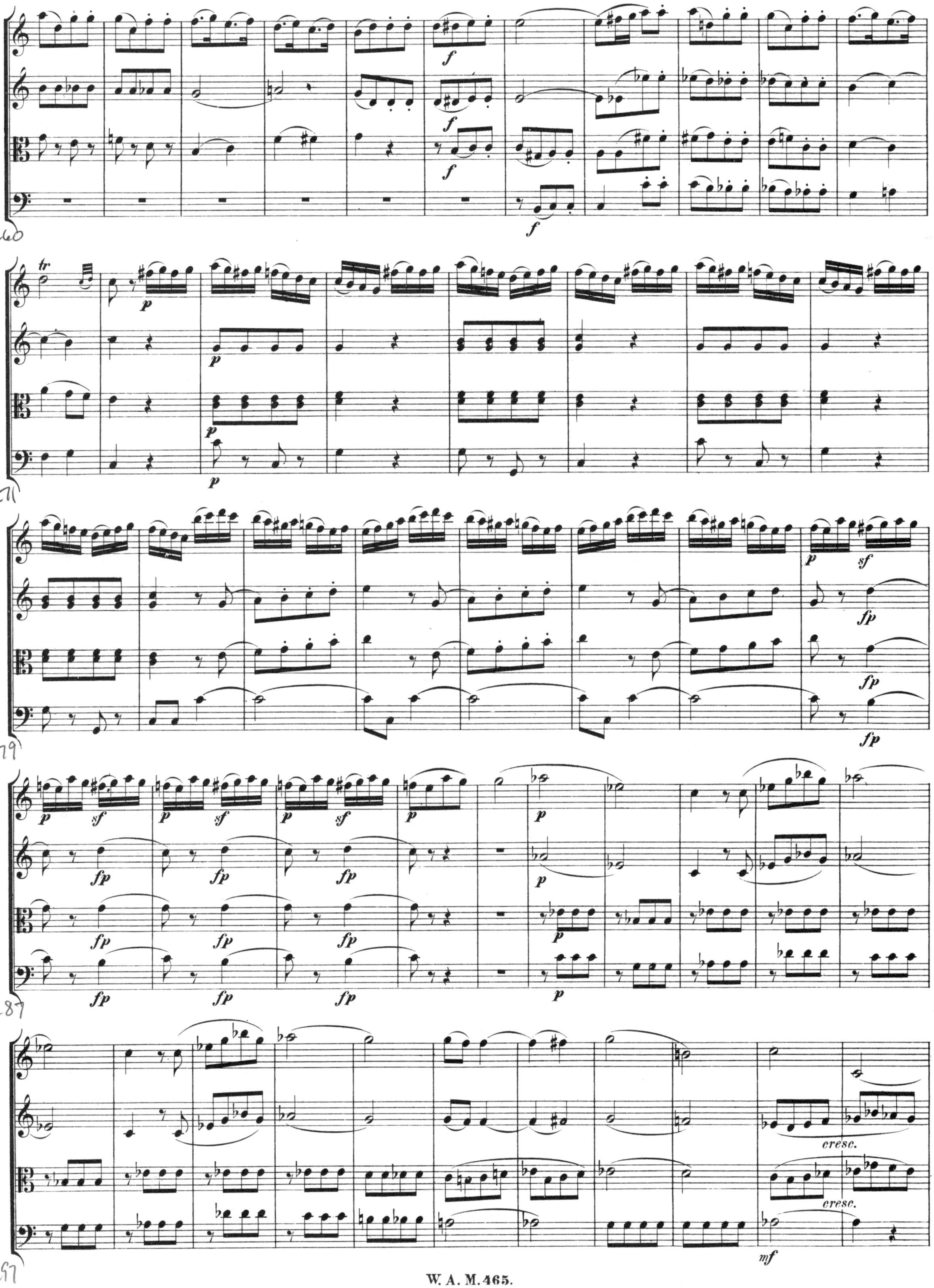
cresc.
cresc.

308

320

330

342

354

ZWANZIGSTES QUARTETT
für 2 Violinen, Viola und Violoncell
von
W. A. MOZART.

Mozarts Werke.

Serie 14. No 20.

Köch. Verz. No 499.

Allegretto.

Componirt am 19. August 1786 in Wien.

Stich und Druck von Breitkopf & Härtel in Leipzig.

W. A. M. 499.

Ausgegeben 1882.

MENUETTO.
Allegretto.

Caplin p. 267,
n. 7; ref. p. 61,
ex. 5.5; mm. 1-8
are a cadential
continuation
(pedal in bass)

234

241

250

258

246

Trio.

Caplin, p.284, n.31, ref. p.229, col.2, par.4 is structurally incomplete trio

attacca il Menuetto
dal Segno ℅

Adagio.

W. A. M. 499.

Allegro.

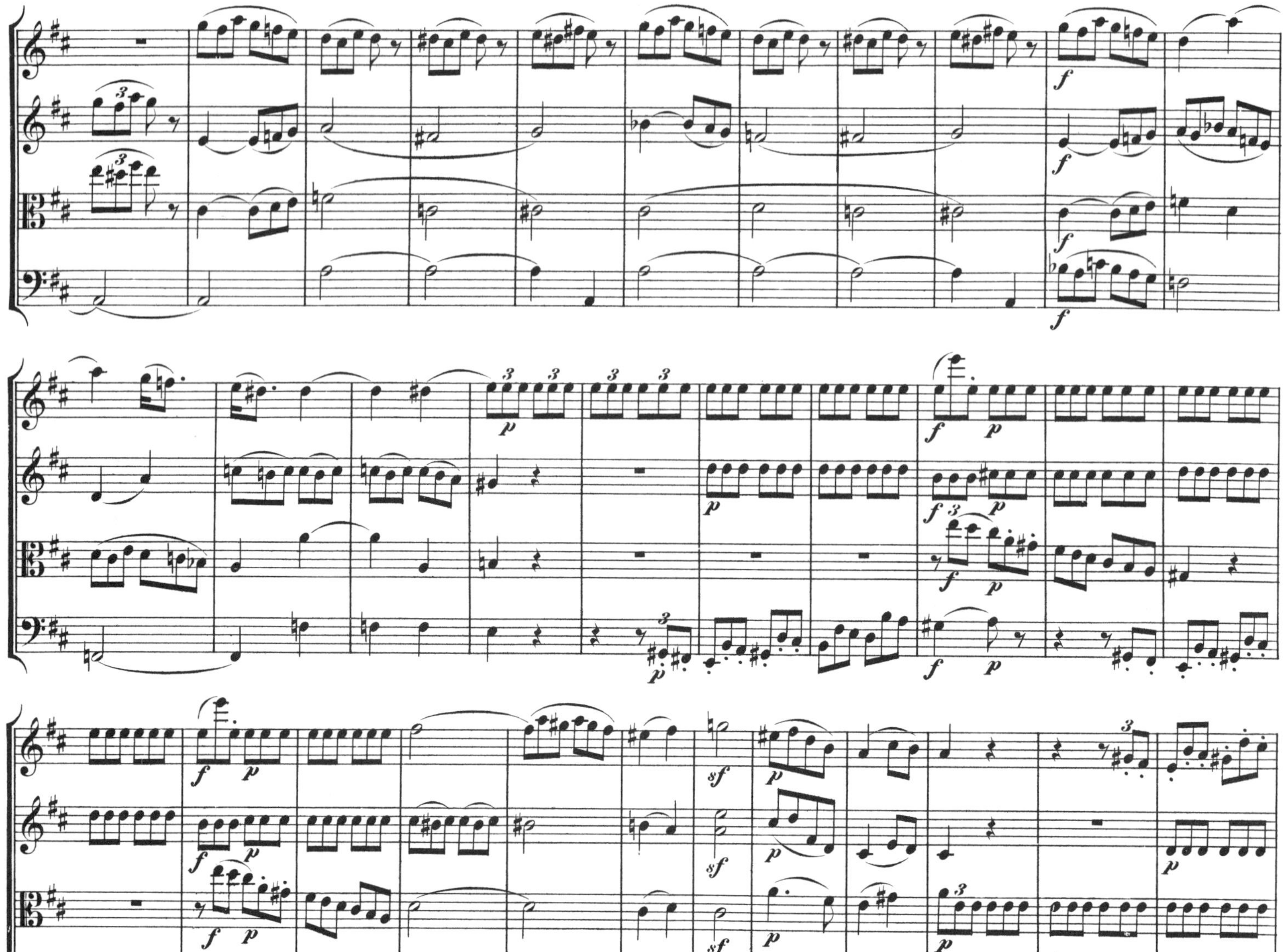
cresc.
cresc.
cresc.
cresc.

EINUNDZWANZIGSTES QUARTETT
für 2 Violinen, Viola und Violoncell
von
W. A. MOZART.
Köch. Verz. No 575.

Mozart's Werke.

Serie 14. No. 21.

Componirt im Juni 1789 zu Wien.

147

156

164

171

179

Andante.

MENUETTO.
Allegretto.

Trio.

M. D. C. senza replica

Allegretto.

W. A. M. 575.

154

162

168

173

181   182

189
195
202
211
223

W. A. M. 575.

230

ZWEIUNDZWANZIGSTES QUARTETT
für 2 Violinen, Viola und Violoncell
von

Mozart's Werke.

W. A. MOZART.

Köch.Verz. № 589.

Componirt im Mai 1790 zu Wien.

P-material in the interior of the S-zone — "a blurted intervention" HD, p. 141, col. 1

Pre-core

4 (244)

77

90

100 (mfp)

fHC — standing on the dominant ⇒ retransition

109

116

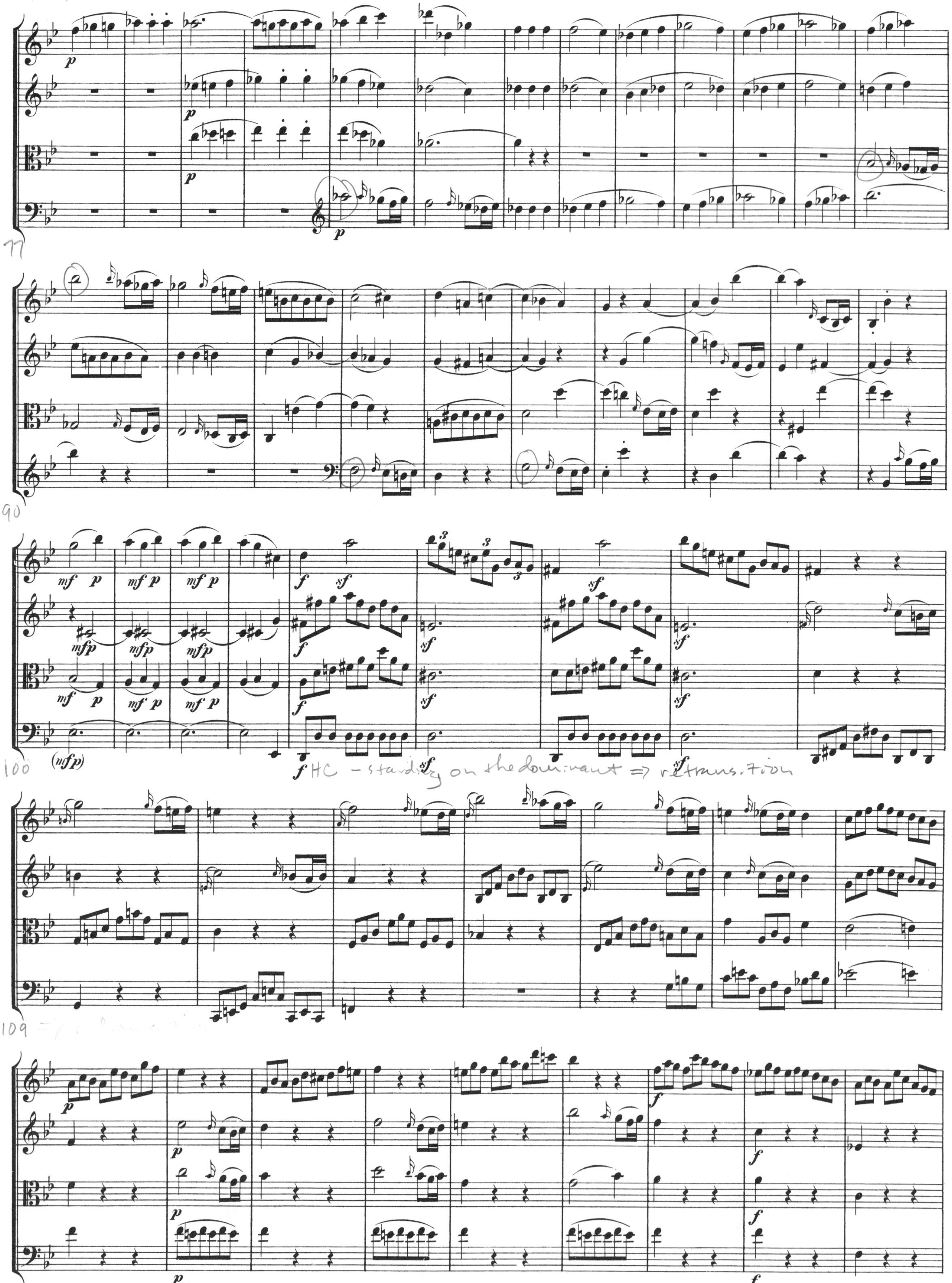

Recap.

173

184

194

201

208

HD, p 349, col.2
Expanded
type I
Sonata

Larghetto.

sotto voce

mfp

MENUETTO.
Moderato.

Caplin, p.61, n.9 (to p.267, n.9): Hybrid 4: c.b.i. + cons.

Allegro assai.

DREIUNDZWANZIGSTES QUARTETT

für 2 Violinen, Viola und Violoncell

von

Mozart's Werke.

W. A. MOZART.

Köch. Verz. No 590.

Serie 14. No 23.

Componirt im Juni 1790 zu Wien.

Allegro moderato.

Violino I.

Violino II.

Viola.

Violoncello.

W. A. M. 590

Andante. (Allegretto.)

MINUETTO.
Allegretto.

Trio.

M. D. C.

Allegro.